AF523976

CHAOS ZU PESSACH

Eva Lezzi und Anna Adam

AUF-

»BENITABEA, habt ihr eure Zimmer endlich aufgeräumt?«, ruft Mama aus der Küche.

»Ja, so ziemlich«, murmelt Beni und liest weiter in seinem Micky Maus-Heft. Tabea hingegen hört gar nichts, weil sie in ihrem Zimmer passende Bewegungen zu ihrer Lieblings-CD von Missy Elliott ausprobiert und dazu ihre großen pinken Kopfhörer aufgesetzt hat.

Plötzlich steht Mama im Türrahmen zu Benis Zimmer: »Um Himmels Willen«, ruft sie. »Wie sieht es hier aus? Das nennst du aufgeräumt? Nicht einmal Oma würde so ein Chaos zustandebringen!«

Mama hilft Beni mit dem Aufräumen. Aber während Beni seine Fußballbildchen sorgfältig sortiert, würde Mama am liebsten mit einem großen Müllsack durch sein Zimmer gehen und die Hälfte der Sachen wegschmeißen. Beni muss jedes einzelne Ding verteidigen. »Nein, Mama«, protestiert er. »Dieses Schwert ist nicht einfach Plastikmüll! Das hat mir Onkel Jakob geschenkt. Es ist ein Zauberschwert!« »Das ist kein Zauberschwert«, meint hingegen Mama, »das ist billiger Plunder. Schau mal, es hat sogar schon einen Riss in der Mitte.« »Na und?«, Beni entreißt ihr das Schwert und steckt es in den Korb mit den Verkleidungssachen.

»Und was ist das?« Mama fischt die Brotbox aus Benis Schulranzen. »Ich hatte in der Schule mal wieder nicht genug Zeit zum Frühstücken!«, erklärt Beni etwas kleinlaut. »Und wieso muss ich dir jedes Mal sagen, dass du die Brotbox nach der Schule in die Küche bringen sollst?«, fragt Mama. »Es ist Erew Pessach, in zwei Stunden kommen Oma und Opa, und mein Sohn lässt Frühstücksbrote in seinem Zimmer rumliegen. Ich fass es nicht! Du weißt doch, dass an Pessach kein Brot in der Wohnung sein darf!«

RÄUMEN

ONKEL JAKOB

Mittlerweile sind Oma und Opa gekommen und trinken im Wohnzimmer gemeinsam mit Tabea und Beni Kaffee und Saft, während Mama noch immer hektisch durch die Wohnung rennt und das Pessach-Geschirr zusammensucht. Dieses Jahr ist sie besonders spät dran mit den Vorbereitungen, weil sie am Abend vorher noch einen längeren Radiobeitrag fertig stellen musste. Papa ist in der Küche und putzt den Salat. Endlich trudeln auch Onkel Jakob und seine neue Freundin ein. Wie immer hat Onkel Jakob eine nicht ganz glaubwürdige Ausrede für sein Zuspätkommen: Dieses Mal ist er beim Schwarzfahren in der U-Bahn erwischt worden und redete so lange auf die Kontrolleure ein und erzählte ihnen eine so komplizierte Geschichte, bis sie ihn und seine Freundin (die natürlich ein Ticket gelöst hatte) tatsächlich entnervt wieder laufen ließen.

Jakob ist groß und ein bisschen dick und hat eine laute Stimme. Zur Begrüßung stemmt er Beni in die Luft. »Mal sehen, ob ich das noch kann«, brummt er. »Oj wej, du bist ganz schön schwer geworden!« Dann sagt er zu Tabea: »Guten Abend, mein hübsches Fräulein«, und küsst sie kräftig auf beide Wangen. Oma wiederum muss sich auf die Zehenspitzen stellen, um Jakob einen Begrüßungskuss zu geben, obwohl sie doch seine Mutter ist! Dann gibt sie Jakobs Freundin die Hand und sagt: »Guten Abend, Susanne!«

»Sie heißt nicht Susanne, sie heißt Barbara«, schimpft Onkel Jakob.

»Oh Entschuldigung!«, antwortet Oma. Dann fragt sie: »Wie geht's Tamara?« »Warum fragst du mich das immer?«, blafft Onkel Jakob. »Du weißt doch, wir sind seit mehr als drei Jahren geschieden.«

»Man wird doch wohl noch fragen dürfen. Immerhin ist sie die Mutter deines Sohnes.«

»Und Jüdin«, antwortet Onkel Jakob laut. »Das ist es doch, was du sagen willst, oder?«

Verärgert verschwindet Jakob in die Küche, um bei den letzten Vorbereitungen zu helfen. Barbara setzt sich auf die Kante der Couch, schaut verlegen auf ihre Knie und spielt an ihrer Armbanduhr herum, und Oma fängt an, ein Lied zu summen.

KÜCHEN GESPRÄCH

Beni verkrümelt sich auch in die Küche und raspelt Äpfel fürs Charosset. Er überlegt, was Onkel Jakob bloß hat. Sein Papa ist nämlich auch kein Jude, aber Beni weiß genau, dass Oma und Opa ihn sehr lieb haben.

»Papa«, fragt Beni, »wie hast du Mama eigentlich kennen gelernt?«

»Wie ich Mama kennen gelernt habe? Wie kommst du denn auf diese Frage?« Papa hält beim Salatwaschen inne und überlegt kurz. »Sie hat mich für eine Radiosendung interviewt. Und später hat sie sich beklagt, es sei kein gutes Interview geworden. Offensichtlich habe ich sie zu sehr aus dem Konzept gebracht.« Papa lacht.

»Im Übrigen bin ich mir sicher«, fährt Papa fort, als ob er Benis Gedanken erraten hätte, »dass unsere Ehe von Gott gesegnet ist. Ob von einem jüdischen oder einem christlichen Gott, weiß ich nicht. Aber gesegnet ist sie in jedem Fall. Und weißt du, woran ich das merke? Weil wir glücklich sind. Und weil wir die besten Kinder der Welt haben.«

In diesem Moment stürzt Mama in die Küche und macht alles andere als ein glückliches Gesicht. »Riecht ihr das denn nicht?«, ruft sie und reißt den Topf von der Herdplatte. »Drei Männer in der Küche und keiner merkt, dass die Bohnen anbrennen!«

»Trotzdem«, meint Papa und grinst Beni zu: »Unsere Ehe wurde im Himmel gestiftet. It's a match made in heaven.«

»Und wir, Tabea und ich, wieso sind wir eigentlich Juden und nicht Christen wie du?«

»Für deine Mama war das immer selbstverständlich«, antwortet Papa. »Oder kannst du dir vorstellen, dass sie mit euch in die Kirche geht und Weihnachtsplätzchen backt?« Papa lächelt und auch Beni muss lachen.

Dennoch fragt er noch mal: »Aber du? Was sagst du dazu?«

»Hm. Gute Frage.« Papa zögert. Während Mama immer auf alles gleich eine fertige Antwort parat hat, nimmt Papa Benis Fragen und die gemeinsamen Gespräche sehr ernst. Beni mag das, nur manchmal denkt Papa so lange nach, bis Beni ganz zappelig wird und seine Frage fast schon wieder vergessen hat.

Endlich antwortet Papa: »Für mich waren sicherlich auch Oma und Opa mit ein Grund. Nach allem, was ihnen in der Nazi-Zeit angetan wurde, wollte ich gemeinsam mit der Mama jüdische Kinder großziehen. Und außerdem gefällt mir das Judentum. Es gefällt mir, dass wir Pessach feiern! Im Übrigen war ja selbst Jesus Jude und hat Pessach gefeiert.«

»Und du?«, fragt Papa nach einer Weile, »Bist du gerne Jude?«

»Klar!«, antwortet Beni ohne zu zögern. Dann fügt er hinzu: »Und so lange

Tante Marina uns weiterhin so leckere Schokoeier zu Ostern schenkt und Opa Anton mein Weihnachtspaket nicht vergisst, ist doch erst recht alles in Butter.«

Mit einem großen Messer schneidet Beni die Zitrone fürs Charosset in zwei Hälften und fängt an, sie zu pressen. Der Zitronensaft spritzt über den ganzen Küchentisch und bis in Jakobs Weinglas. »Ups. Sorry!«, meint Beni etwas verlegen. Aber Onkel Jakob lacht: »Du hast eben viel Schwung und Kraft und saurer Wein gehört offensichtlich ebenso zu unserem alljährlichen Pessach-Chaos wie solche Küchengespräche. Prost, meine Herren!«

ÄGYPTISCHE PLAGEN

Endlich sitzen alle um den schön gedeckten Sedertisch. Beni darf als Jüngster die entscheidende Frage des Fests, die nach dem besonderen Charakter der Pessachnacht stellen. Er hat sich gut vorbereitet und singt ganz allein: »Ma nischtana haleila hase mi kol halejlot?«

Aber Tabea korrigiert doch tatsächlich seine Aussprache und meint auch noch: »Und singen kannst du schon gar nicht.«

Beni gibt Tabea einen kräftigen Tritt unter dem Tisch, so dass sie laut aufjault und Mama zu schimpfen anfängt: »Müsst ihr euch schon wieder streiten? Könnt ihr nicht einmal beim Seder damit aufhören? Es ist doch zum Verrücktwerden!«

Da erfindet Onkel Jakob rasch einige neue ägyptische Plagen: »Streitende Kinder, nörgelnde Mütter, verrückte Eltern, besserwisserische Schwestern, tretende Brüder.«

1 Blut

3 Ungeziefer

5 Viehpest

2 Frösche

4 wilde Tiere

6 Eiterbeulen

7 Hagel

9 Finsternis

8 Heuschrecken

10 Sterben der Erstgeburt

»Die schlimmste Plage aber sind witzige Onkels«, ruft Tabea dazwischen und Onkel Jakob antwortet: »Ok, eins zu null für dich, mein neunmalkluges Fräulein.«

Schließlich lesen sie sich gegenseitig die Pessachgeschichte aus der Haggada vor, die Beni und Tabea im letzten Jahr gemeinsam mit Oma gebastelt haben. Sie zählen die zehn richtigen Plagen auf, die Gott seinerzeit über die Ägypter verhängt hat, damit der Pharao die Juden endlich aus der Sklaverei freilässt und ihnen den Auszug aus Ägypten erlaubt. Hinter Moses her sind sie durchs gespaltene Meer gelaufen, und Beni stellt sich die verdutzten Gesichter der Fische vor, die plötzlich voneinander getrennt wurden. Dann singen sie von den weiteren göttlichen Wundern und Wohltaten, die die Juden auf ihrer Wanderschaft durch die Wüste erfahren haben, und von der Übergabe der Thora am Berg Sinai. Nach jeder Strophe erschallt lauthals der Refrain: »Daidaijenu, daidaijenu, daidaijenu, dajenu, dajenu, dajenu.«

Aber schon beim Essen der rituellen Speisen gibt es wieder Streit. Diesmal um die richtige Reihenfolge. Mama glaubt, dass man erst ein Matze-Sandwich mit Meerrettich essen muss und nachher eines mit Charosset, aber Oma ist sicher, dass es genau umgekehrt richtig ist. Tabea hingegen, die ohnehin immer alles besser weiß, seit sie den Bat Mitzwa-Unterricht besucht, sagt: »Beides. Wichtig ist vor allem, dass beides gemeinsam auf die Matze kommt. Der Meerrettich treibt die Tränen in die Augen und erinnert so an das traurige Los der versklavten Juden in Ägypten, und das Charosset symbolisiert die Ziegelsteine, die sie für den Pharao schleppen mussten.« Beni ist genervt von ihrer Erklärerei. Als ob die anderen am Tisch das nicht selber wüssten! Aber Mama und Papa und auch Oma und Opa und sogar Jakob und Barbara sind offensichtlich mächtig beeindruckt von der klugen Tabea. Doch bevor Beni sich wieder so richtig ärgert, flüstert Onkel Jakob ihm zu: »Sag ich's doch. Besserwisserische Schwestern sind eine große Plage. Ich spreche aus Erfahrung!«

Es wird schließlich ein sehr fröhlicher und lustiger Seder und das Essen schmeckt ausgezeichnet. Nur Mama zieht kurz ein verzweifeltes Gesicht, weil die Matze-Knödel in der Suppe auseinander gebröselt sind. Aber Papa findet, dass er in seiner Kindheit nie eine so leckere Matze-Suppe bekommen hat.

»Aber Papa, bei euch gab es doch gar keine Matze-Suppe«, wirft Beni ein.

»Na eben!«, antwortet Papa und schlürft die Suppe genüsslich weiter.

DER AFIKOMAN

Während des Wortgefechts zwischen Beni, Tabea und Onkel Jakob hat Oma den Afikoman in eine Serviette eingewickelt und dieses Stück Matze in der Wohnung versteckt. Sie hat viele Möglichkeiten ausprobiert und schließlich das beste Versteck gewählt. Und jetzt nach dem Essen sollen Beni und Tabea den Afikoman suchen. Sobald sie die Matze gefunden haben, können sie sie gegen ein kleines Geschenk einlösen. Beni und Tabea haben schon überall geguckt, aber leider vergeblich. Immer wieder schickt Oma sie auf eine falsche Fährte, weil sie sich selbst nicht mehr genau erinnert, für welches Versteck sie sich letztendlich entschieden hat. Nein, der Afikoman steckt nicht zwischen den CDs, er liegt auch nicht unter dem Sofa und schon gar nicht auf der Fensterbank. Beni und Tabea haben keine Lust mehr zu suchen. Beni schlendert in sein Zimmer und tritt gelangweilt gegen den Korb mit den Verkleidungssachen. Da fällt sein Schwert vom Stapel und siehe da: In dem Riss in der Mitte des Schwertes steckt die bunte Serviette! »Ich wusste es immer«, denkt Beni, »Es ist und bleibt ein Zauberschwert!« Dann stürmt er damit ins Wohnzimmer und ruft: »Attacke! Afikoman-Attacke!«

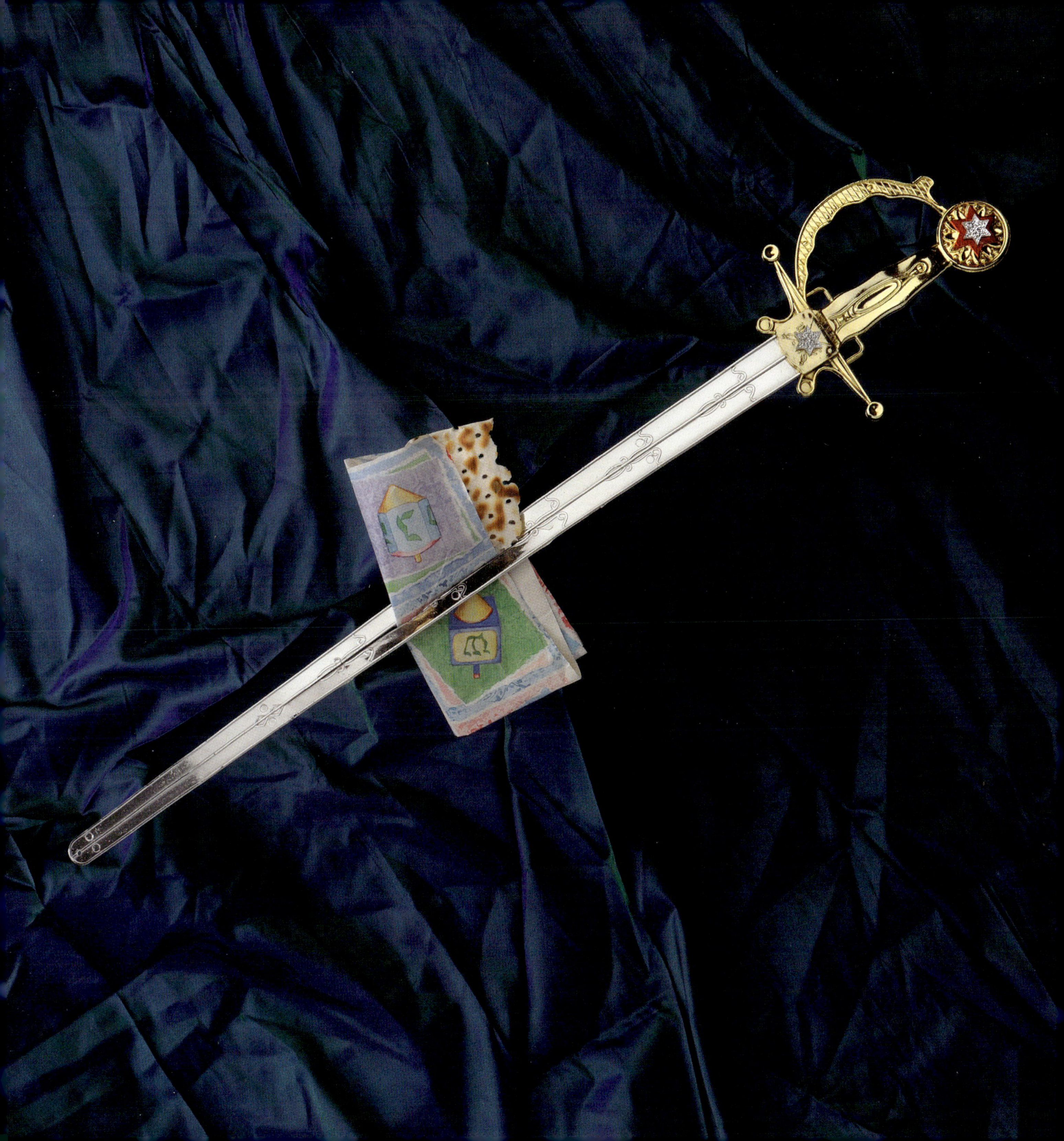

Nun müssen die Kinder ausbezahlt werden. Sie haben Glück: Weil die Erwachsenen sich nicht abgesprochen haben, haben alle etwas mitgebracht, so dass Beni und Tabea ganz viele Geschenke bekommen. Von Oma erhält Beni einen Reiseführer über Griechenland. Den findet er ziemlich langweilig. »Danke, Oma«, murmelt er und legt das Buch zur Seite. Sein bestes Geschenk bekommt Beni von Onkel Jakob: Ein Zauberkasten. Ein richtiger, echter, toller Zauberkasten! Beni klettert auf Onkel Jakobs Schoß, um sich zu bedanken. Und wie Beni da so sitzt, muss er plötzlich an früher denken, als er noch klein war. »Weißt du noch? Du hast doch immer ›Hoppe Hoppe Reiter‹ für mich gesungen. Aber rückwärts.«

»Natürlich weiß ich das noch«, meint Onkel Jakob und fängt an zu singen und mit den Knien zu wippen: »Eppoh eppoh retier!«, und zum Schluss, wenn der Reiter »spmulp« macht, lässt er Beni nicht plumpsen, sondern stemmt ihn in die Luft. Früher hat Onkel Jakob Beni nicht in die Luft gestemmt, sondern ihn geworfen, und er hat das Lied mindestens 17-mal für ihn gesungen. Heute hat Jakob schon nach dreimal einen roten Kopf und stöhnt: »Uff, ich kann nicht mehr.«

Onkel Jakob lehnt sich erschöpft zurück ins Sofa, während Beni den neuen Zauberkasten auspackt und die geheimnisvollen Schächtelchen mit doppeltem Boden und die Spielkarten mit zwei unterschiedlichen Motiven untersucht. Auf einmal ruft Jakob: »Ruth! Du hast doch immer behauptet, du hättest das Buch nie bekommen. Aber hier liegt es doch! Hier liegt der Reiseführer, den ich dir aus unserem letzten Urlaub in Griechenland mitgebracht habe!« Benis Mama schaut verdutzt auf das Sofa. Ja, hier liegt ein Reiseführer über Griechenland. Seltsam. Niemand kann sich das Auftauchen des Buches so recht erklären, nur Beni muss lachen und zwinkert seiner Oma zu.

Onkel Jakob und Barbara erzählen nun von ihrer Urlaubsreise nach Griechenland und Jakob zeigt Fotos. Auf den meisten Fotos ist Barbara mit drauf.

Barbara vor Steinruinen, Barbara in einem schwarzen Bikini am Strand oder Barbara in einem roten Minikleid in einem Café. Auf einem Foto sind beide abgebildet: Onkel Jakob und Barbara, und beide sehen ziemlich verliebt aus.

»Lass uns auch bald nach Griechenland fahren, ja?«, meint Papa und lächelt Mama so breit an, bis diese anfängt zu kichern.

»Oh weia«, denkt Beni. »Zum Glück muss Mama gerade nicht arbeiten. Die ist ja voll von der Rolle.«

NÄCHSTES JAHR

Es ist spät geworden, alle sind müde. Doch bevor sie die abschließenden Lieder singen, prosten sich alle noch einmal zu: »Lechajim. Nächstes Jahr in Jerusalem.«

»Nun ja, das wünscht man sich zwar immer zum Ende vom Seder«, wirft Onkel Jakob ein. »Aber mir gefällt es hier. Ich mache euch daher einen anderen Vorschlag. Lass uns auf die Diaspora anstoßen. Also: Nächstes Jahr wieder hier in Berlin!«

Doch Opa weist ihn zurecht: »Jakob, manchmal bist du noch ein echter Grünschnabel und Kindskopf. Hätte es den Staat Israel damals in der Nazi-Zeit schon gegeben, hätten sich meine Eltern und meine Schwester Rosa vielleicht dorthin flüchten können und wären nicht von den Nazis ermordet worden. Darüber macht man keine Witze.«

»Aber Papa, so war das doch nicht gemeint!«, protestiert Onkel Jakob. »Auch wenn ich einiges an der israelischen Politik kritisch sehe.« Onkel Jakob holt tief Luft. Wie meist bei solchen Gesprächen, will er sicherlich ansetzen zu einem Vortrag über die verzweifelte Lage der Palästinenser, die Israel beziehungsweise Palästina auch als ihre Heimat verstehen. Aber Opa unterbricht ihn: »Dein Bruder Micha will übrigens tatsächlich Alija machen. Hat er uns kürzlich erzählt.«

»Wie bitte?«, fragen Jakob und Mama gleichzeitig und lassen beinahe ihre Weingläser fallen. »Micha will nach Israel auswandern? Mit den vier Kindern? Und mit Mirjam?«

»Nun, er wird sich nicht vorher scheiden lassen«, wirft Oma trocken ein und schielt dabei zu Barbara. »Außerdem hat Mirjam Familie in Israel.«

»Na dann erst recht«, meint Onkel Jakob, nachdem er sich vom ersten Schrecken erholt hat: »Lechajim auf Berlin!« Alle schlagen ihre Gläser klingend und klirrend aneinander, nur Oma und Opa halten sich zurück.

Beni und Tabea stoßen mit Traubensaft an. Dann hocken sie sich auf den Boden zu Benis Zauberschachtel, um ein paar Tricks auszuprobieren.

»Ganz schön krass, wie viel Jakob und Oma und Opa streiten, findest du nicht auch?«, flüstert Beni Tabea zu.

Tabea nickt, aber es scheint ihr nicht viel auszumachen. Sie kichert sogar: »Und dabei heißt es immer, wir beide seien die Streithähne der Familie. Das stimmt doch gar nicht. Denn eigentlich bist du echt ok. Ich meine so als kleiner Bruder.« Sie knufft Beni freundschaftlich in die Seite, und der weiß nicht so recht, ob er sich über das Kompliment freuen oder über die Bezeichnung »kleiner Bruder« ärgern soll.

DER ZWEITE SEDER

Am zweiten Pessachabend sind alle bei Onkel Micha und Tante Mirjam eingeladen. Beni und Tabea freuen sich riesig auf ihre Cousins und Cousinen. Onkel Jakob hingegen findet: »Ein Seder pro Jahr ist genug. Dajenu!«, und geht stattdessen lieber ins Kino. »Ich schau mir den neuen Woody Allen-Film an. Das ist schließlich auch ein wichtiges jüdisches Ritual.«

Tante Mirjam hat alles tipptopp vorbereitet. Die ganze Wohnung duftet nach Lammbraten, auf dem Sederteller stimmt die Anordnung, in extra Schüsselchen häuft sich das Charosset, und neben den Tellern liegt für jeden eine mit orientalischen Mustern verzierte Haggada. Nur der kleine Samuel bringt ein wenig Chaos in die Sederordnung, denn er versucht hartnäckig auf den Tisch zu krabbeln, und baut mit dem Charosset echte Lehmziegel für echte kleine Türmchen.

Heute sagen die fünfjährigen Zwillinge das »Ma nischtana«. Tabea würde sich niemals getrauen, David und Hannah dabei zu kritisieren oder sie zu korrigieren. Das macht sie nur bei Beni. Außerdem findet sie die Zwillinge »sooo süß« und lässt sich ihrerseits gerne von den beiden anhimmeln. Das Lesen der Haggada dauert viel zu lange, viel länger als zu Hause. Kein einziger Kommentar von Rabbi Elieser oder Rabbi Akiba wird ausgelassen! Aber zwischendrin haben die fünf älteren Kinder wenigstens Zeit, unterm Tisch heimlich Fußballbildchen zu tauschen oder den neuesten Klatsch über die israelische Hip-Hop-Szene zu verbreiten. »Cool«, meint Tabea zu Ronith: »In Israel kannst du die Band HaDag Nachash live erleben. Und dann schickst du mir ein Autogramm von Shaanan Street, ja?«

»Und auf der Autogrammkarte steht natürlich ›Für meine süße Tabea‹«, wirft Beni ein.

»Als ob die in Israel deutsch schreiben würden!«

»Na dann eben ›Sweet Tabea‹ oder ›Tabea Motek‹ «, frotzelt Beni weiter.

»Ach halt doch die Klappe, du Affe!«

Beni sagt nichts mehr, grinst aber triumphierend in die Runde. Denn er weiß genau: Tabea sagt immer nur dann »Halt die Klappe«, wenn sie echt keine Argumente mehr hat.

Ronith beschwichtigt die beiden. »Ich kann mir das alles ohnehin noch nicht so recht vorstellen«, meint sie. »Auswandern. Mich von meinen Freunden und Klassenkameraden verabschieden. Das wird schrecklich.«

In diesem Moment bringt Tante Mirjam die Suppe. Ihre Matze-Knödel sind natürlich perfekt rund, was bei Mama einen verzweifelten Blick auslöst, der sich erst verflüchtigt, als Papa ihr etwas zuflüstert. Alles in allem wäre es ohnehin ein durch und durch perfekter Abend geworden, wenn nicht Oma trotz allgemeinem Protest darauf bestanden hätte, dass sie den Afikoman wieder verstecken darf ...

Dieses Mal suchen fünf Kinder vergeblich! Immer wieder beteuert Oma, dass sie den Afikoman auf dem untersten Bücherbrett versteckt hat: »Ich bin mir wirklich ganz sicher. Ich habe ihn hier zwischen diese beiden Israel-Bildbände geschoben.« Oder doch nicht? Sicherheitshalber sucht Oma auch noch in anderen Winkeln und Ecken der Wohnung. Plötzlich lacht sie laut auf und fängt an zu singen:

DOCH SAMU-BABY VOLL GENUSS
GIBT DER MATZE N'FETTEN KUSS.
DIE GANZE FAMILIEN-BANDE BRÜLLT:
ER HAT DIE MA-A-TZE, ER HAT DIE MA-A-TZE,
ER HAT DIE MA-A-TZE GEKLA-A-AUT!

Beni erkennt das Lied von der Affenbande sofort, denn Oma und er denken sich oft neue Strophen dazu aus. Er singt begeistert mit. Und beim Refrain stimmen schließlich auch alle anderen ein, sogar Onkel Micha und Tante Mirjam, obwohl man ihrer Meinung nach über die Matze eigentlich keine Witze machen darf.

BROT
BENI

GLOSSAR

AFIKOMAN das größere Stück einer Matze, d. h. eines ungesäuerten Brotes, welches am Anfang des Seders geteilt wird. Der Afikoman wird zur Seite gelegt und erst zum Schluss des Sedermahls gegessen. Nur mit dem Afikoman kann der Seder vollendet werden. Es hat sich die Tradition entwickelt, den Afikoman zu verstecken, so dass Kinder ihn suchen und gegen ein Geschenk auslösen dürfen.

ALIJA (hebr. »Aufstieg«) bedeutet ursprünglich das Hinaufsteigen zum Tempel in Jerusalem und bezeichnet im Zionismus die Rückkehr von Juden als Einzelne oder als Einwanderungsgruppen nach Eretz Israel, d. h. in das Land Israel.

BAT-MITZWA (hebr. »Tochter der Pflicht«) und Bar-Mitzwa (hebr. »Sohn der Pflicht«) bezeichnen die religiöse Mündigkeit, die Mädchen im Alter von 12 und Jungs im Alter von 13 erreichen. Gemeint ist sowohl der Zustand religiöser Mündigkeit als auch der eigentliche Tag, an dem diese erreicht wird, und der in der Synagoge und oft in der Familie groß gefeiert wird.

CHAROSSET eine der rituellen, auf dem Sederteller angerichteten Speisen, die im Verlauf des Sederabends gegessen werden. Das Charosset symbolisiert den Lehm, aus dem die Israeliten in der Sklaverei Ziegelsteine herstellen mussten.
Rezept für Charosset: 2 säuerliche Äpfel, Saft von einer ½ Zitrone, 300 gr. gehackte Mandeln oder Haselnüsse, 2 Esslöffel roter Traubensaft (oder süßer Rotwein), 1 Esslöffel Zucker, ½ Teelöffel Zimt. Die geschälten Äpfel grob raspeln und die anderen Zutaten dazumischen.

DAJENU (hebr. »genug für uns«) Im Laufe der Pessach-Haggada wird ein Loblied auf die hilfreichen und wunderbaren Taten Gottes gesungen. Jede Strophe schließt mit dem Refrain »dajenu«: »Dies wäre uns genug gewesen«.

DIASPORA (griech. »Verstreutheit«) bezeichnet religiöse oder ethnische Bevölkerungsgruppen, die ihre ursprüngliche Heimat meist unter äußeren Zwängen verlassen haben und nun in alle Welt »verstreut« leben. Die jüdische Diaspora, d. h. die Vertreibung aus Eretz Israel, setzt bereits mit dem in der Bibel beschriebenen Babylonischen Exil nach der Zerstörung des ersten Tempels in Jerusalem im Jahr 587 v. u. Z. und schließlich mit der Vertreibung der Juden durch die Römer nach der Zerstörung des zweiten Tempels im Jahr 70 u. Z. ein. Über die Jahrhunderte wurden für viele Juden die Länder und Kontinente, in denen sie lebten, zu ihrer eigentlichen Heimat.

EREW PESSACH (»Erew«, hebr. für »Abend«) Wird »Erew« vor die Nennung eines jüdischen Festes wie Schabbat oder Pessach gesetzt, bezeichnet man damit den Kalendertag, an dessen Abend das Fest beginnt. (Jüdische Feiertage beginnen und enden mit Sonnenuntergang.) Erew Pessach dient den letzten Vorbereitungen für die Sederfeier. Im heutigen Sprachgebrauch wird häufig auch der Sederabend selbst als Erew Pessach bezeichnet.

HADAG NACHASH (hebr. »die Fisch-Schlange«) bekannte israelische Hip-Hop Gruppe, die 1996 gegründet wurde, bisher sechs Alben veröffentlicht hat und teilweise linksgerichtete politische Songs komponiert. Shaanan Street ist der Bandleader und Sänger der Gruppe.

HAGGADA (hebr. »Erzählung«) In der Pessach-Haggada wird die Geschichte vom Auszug aus Ägypten erzählt. Die Erzählung ist durchwoben von Segen, Liedern, rituellen Anweisungen und vielen Ausschmückungen. Pessach-Haggadot sind häufig reich illustriert.

ISRAEL Der Staat Israel mit seiner mehrheitlich jüdischen Bevölkerung wurde im Mai 1948 auf der Basis eines UNO-Beschlusses gegründet. Er liegt im Nahen Osten und grenzt an die Länder Libanon, Syrien, Jordanien und Ägypten. Israel verdankt seine Gründung zum großen Teil der zionistischen Bewegung, die seit Ende des 19. Jahrhunderts einen jüdischen Nationalstaat in Palästina forderte. Dieser Staat sollte Juden u. a. Schutz und Fluchtmöglichkeiten vor Antisemitismus und Verfolgung in Europa bieten.

Das Land Israel (Eretz Israel), das geografisch nur teilweise mit dem Staat Israel identisch ist, hat auch eine religiöse Bedeutung: Es gilt als das Land, das Gott gemäß der Bibel bereits Abraham und dann Moses und den Israeliten verheißen hat. Außerdem ist damit das Gebiet gemeint, in dem die Israeliten schließlich ein eigenes Königreich mit einem zentralen Tempel in Jerusalem errichteten.

IT'S A MATCH MADE IN HEAVEN (engl. »Es ist eine Ehe, die im Himmel beschlossen wurde.«) Im Talmud heißt es, dass Ehen im Himmel gestiftet werden und die Partner somit schon vor ihrer Geburt von Gott füreinander bestimmt sind. (TB Sota 2a) Ob dies auch für eine Ehe zwischen Juden und Nichtjuden gelten kann und ob eine Ehe zwischen Juden und Nichtjuden überhaupt zulässig ist, wird im Judentum konträr diskutiert. »A Match Made in Heaven« ist der Titel eines amerikanischen Fernsehfilmes aus dem Jahr 1997.

JESUS Der historische Jesus wurde in eine jüdische Familie geboren und wuchs in jüdischer Tradition auf, die er jedoch reformieren wollte. Im Christentum gilt Jesus als von Gott gesandter Messias und Mensch gewordener Sohn Gottes, im Islam als wichtiger Prophet, nicht aber als Sohn Gottes. Im religiösen Selbstverständnis des Judentums spielt Jesus keine Rolle, da die Hebräische Bibel vor der Geburt von Jesus geschrieben wurde und Jesus nicht als Messias gesehen wird.

LECHAJIM (hebr. »auf das Leben«) hebräischer Segensspruch, der auch zum Anstoßen – etwa im Sinne des deutschen »Prost« – benutzt wird.

MA NISCHTANA HALEILA HASE MI KOL HALEJLOT? (hebr. »Was unterscheidet diese Nacht von allen anderen Nächten?«) ist die erste von vier Fragen, die das jüngste Kind am Sedertisch stellt, bevor die Haggada, die Pessacherzählung, als Antwort auf diese Fragen beginnt. Die vier Fragen werden gesungen.

MATZE ungesäuertes Brot. Die dünnen, meist weißen Brotfladen werden aus Wasser und Getreide ohne Hefe oder andere Backtriebmittel hergestellt.

Die Matzot erinnern daran, dass den Israeliten beim Auszug aus Ägypten keine Zeit blieb, ihren Brotteig aufgehen zu lassen. Während des ganzen Pessachfestes dürfen nach jüdischer Tradition keine gesäuerten Brote und außer Matze keine anderen Lebensmittel, die Getreide enthalten, gegessen werden. In traditionellen Familien wird vor Pessach Hausputz gemacht, alle Brotreste und entsprechenden Lebensmittel werden weggeschafft.

NAZI-ZEIT Von 1933 bis 1945 bestimmten die Nationalsozialisten, d. h. die Anhänger der von Adolf Hitler gegründeten Bewegung und Partei, die Politik Deutschlands. Die Nationalsozialisten waren Antisemiten und haben die Vertreibung der Juden aus Deutschland zu ihrem Programm erklärt. Während des Zweiten Weltkrieges ermordeten sie die Juden aus Deutschland und den anderen europäischen Ländern, die die deutsche Armee besetzt hatte.

PALÄSTINA Der Name »Palästina« (hergeleitet von den »Philistern«) stammt aus dem 12. Jahrhundert v. u. Z. und bezieht sich auf eine Region an der südöstlichen Küste des Mittelmeeres. In der ersten Hälfte des 20. Jahrhunderts wird damit das britische Mandatsgebiet Palästina (1920–48) bezeichnet, aus dessen Teilung und Unabhängigkeit u. a. der Staat Israel hervorging. In jüngerer Zeit steht der Name Palästina für einen unabhängigen Staat Palästina, für den die meist muslimischen, aber auch christlichen Palästinenser kämpfen. Die Palästinenser berufen sich dabei auf eine jahrhundertelange Anwesenheit in und Verbundenheit mit der Region (religiös wichtig sind beispielsweise der Felsendom und die al-Aqsa Moschee auf dem Jerusalemer Tempelberg). Mit dem Oslo-Abkommen von 1994 wurde den Palästinensern Autonomie zugesagt; 2011 scheiterte ihr UNO-Antrag auf Anerkennung staatlicher Unabhängigkeit. Zwischen Israel und den Palästinensern gibt es seit Jahrzehnten kriegerische und terroristische Auseinandersetzungen, wobei gemäßigte Parteien die sogenannte Zwei-Staaten-Lösung mit Israel und Palästina anstreben.

PESSACH (hebr. »Vorüberschreiten«) achttägiges Fest, welches an den Auszug der Juden aus Ägypten und somit an ihre Befreiung aus der Sklaverei erinnert. Laut biblischem Bericht (Buch »Exodus«) ließ der Pharao die Juden erst ziehen, nachdem Gott zehn Plagen über die Ägypter verhängt hatte. Bei der 10. Plage wurden die Neugeborenen in den ägyptischen Häusern getötet. Dieses Unheil schritt über die Behausungen der Juden hinweg, daher der Name Pessach: Überschreitungsfest.

RABBI ELIESER, RABBI AKIBA rabbinische Autoritäten aus dem Talmud, die in der Pessach-Haggada unterschiedliche Deutungen und Erklärungen für die Pessachfeier und ihre Länge anbieten.

SEDER (hebr. »Ordnung«) feierliches Essen und Zeremonie am ersten oder an den ersten beiden Abenden von Pessach. Während des Seders werden verschiedene rituelle Speisen, die an die schwere Zeit der Juden in Ägypten und an ihre Flucht erinnern, gegessen. Dabei wird die Pessach-Haggada vorgelesen. Das Essen, die Lesung, die Segenssprüche und die vielen Lieder folgen einer festgelegten »Ordnung«.

THORA (hebr. »Weisung«, »Belehrung«, »Gebot«) bezeichnet ganz allgemein das jüdische Gesetz, im engeren Sinne die Moses und dem Volk Israel am Berg Sinai übergebene Offenbarung Gottes und die fünf Bücher Moses. Die Hebräische Bibel (TeNaCh) besteht aus drei Teilen: Der Thora, den Propheten und den Schriften. Die Thora wird von Hand auf eine Pergamentrolle geschrieben und von dieser Rolle in der Synagoge oder in Lehrhäusern gelesen.

EVA LEZZI Geboren in New York und aufgewachsen in Zürich; Studium und Promotion in Berlin, Habilitation in Potsdam. Sie unterrichtet an der Universität Potsdam sowie an der NYU Berlin Germanistik und Jüdische Studien und hat mehrere literaturwissenschaftliche Bücher veröffentlicht. Eva Lezzi lebt mit ihrem Mann und ihren Kindern in Berlin.

ANNA ADAM studierte in Düsseldorf und Hannover. Ihre Kunst wird in zahlreichen europäischen Museen und Galerien gezeigt. Ihre satirische Ausstellung FEINKOST ADAM © im Jüdischen Museum Franken / Fürth wurde international kontrovers diskutiert. Anna Adam lebt und arbeitet als freie Künstlerin in Berlin.

»Chaos zu Pessach« ist nach »Beni, Oma und ihr Geheimnis« das zweite gemeinsame Kinderbuch.

© Gregor Zielke

Unser besonderer Dank gilt der Stiftung Irène Bollag-Herzheimer
für ihre großzügige Unterstützung.

Die Deutsche Nationalbibliothek verzeichnet diese Publikation in der Deutschen Nationalbibliografie; detaillierte Daten sind im Internet über https://portal.d-nb.de/ abrufbar.

Inh. Dr. Nora Pester | Gerichtsweg 28 | 04103 Leipzig
info@hentrichhentrich.de | www.hentrichhentrich.de
Fotografien: Thorsten Heideck | Layout: Sarah Schlatter
2. Auflage 2019 | Printed in the EU
ISBN 978-3-942271-51-6

Beni, Oma und ihr Geheimnis
»Deutschsprachiges Qualitätskinderbuch 2011«
in der Alterskategorie ab 8 (Auszeichnung Librikon)
Eva Lezzi / Anna Adam
ISBN 978-3-942271-07-3

Beni und die Bat Mitzwa
Eva Lezzi, Anna Adam
Der 3. Band der Beni-Trilogie
ISBN: 978-3-95565-108-4